UČENICI MLAĐIH RAZREDA

SVE O PSI

CHARLOTTE THORNE

UČENICI MLAĐIH RAZREDA

SVE O
PSI
CHARLOTTE THORNE

Pse često nazivaju čovjekovim najboljim prijateljem. Oni su nevjerojatne životinje koje žive s ljudima jako dugo.

Pripitomljavanje pasa seže sve do sivog vuka. Pripitomljavanje znači da su ljudi pripitomili životinju da živi s nama.

Zbog selektivnog uzgoja, ljudi su stvorili razne vrste poslova za pse!

U starom Egiptu, bog Anubis imao je glavu šakala, životinje srodne psima.

Poznati špiljski crtež u Europi prikazuje drevne ljude u lovu s drevnim psima.

Tijekom rata psi su služili kao ratne životinje i pomagali vojnicima u opasnim poslovima.

Psi pripadaju obitelji Canidae. Obitelj Canidae također uključuje vukove, lisice i druge divlje pse.

Psi mogu nanjušiti puno stvari jer imaju 300 milijuna receptora.

Njihov sluh je nevjerojatan. Oni mogu čuti visokofrekventne zvukove koje mi ne možemo.

Postoji mnogo poznatih pasa diljem svijeta.

Grubi škotski ovčar Lassie je ikona u knjigama, filmovima i na televiziji. Poznata je po svojim spasilačkim misijama.

Haski Balto vodio je tim pasa za sanjke preko Aljaske 1925. godine. Dostavili su važan lijek bolesnim ljudima.

Njemački ovčar Rin Tin Tin bio je jedan od najpoznatijih glumaca pasa i smatra se prvom svjetskom filmskom zvijezdom o psima.

Pogledajmo različite pasmine pasa.

Labrador retriveri su prijateljski raspoloženi psi. Imaju ljubav prema vodi.

Njemački ovčari su pametni i snažni. Oni su radni psi i imaju zaštitničke osobine.

Zlatni retriveri su razigrane, popularne pasmine. Prekrasne su i pune osobnosti.

Buldozi su naborani i zdepastog tijela. Oni su privrženi štenci.

Biglovi su znatiželjni psi i koriste se u lovu. Imaju klempave uši.

Pudle su jedna od najinteligentnijih pasmina pasa i poznate su kao otmjeni psi.

Rottweileri su moćni psi. Oni su ljupke bebe.

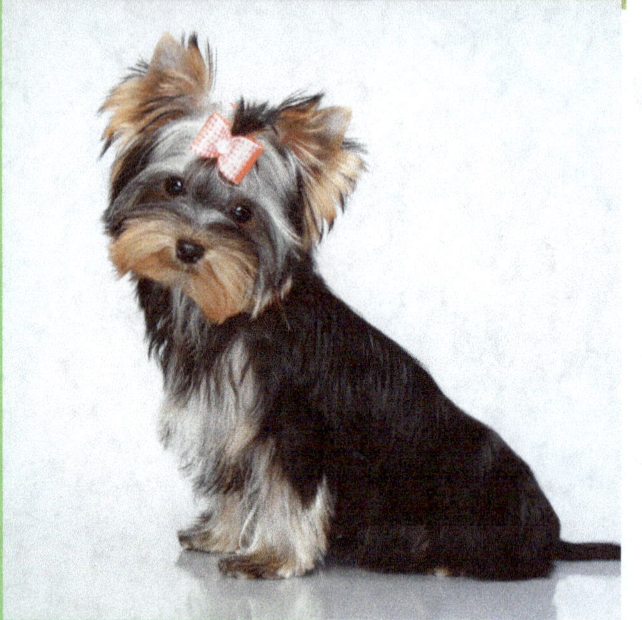

Jorkširski terijeri su mali smotuljci energije. Imaju duge kapute i vole putovanja u torbicama.

Bokseri su razigrani štenci. Imaju četvrtastu glavu i vole biti aktivni.

Jazavčari su dugi "hot dog" psi, što ih čini jedinstvenima. Imaju veliki duh za malo tijelo!

Sibirski haskiji
vuku saonice i
vrlo su glasni,
prijateljski
raspoloženi psi.
Imaju i jarko
plave oči.

Doberman pinč
su elegantni,
snažni psi. Oni
su čuvari
zaštitnici.

Shih Tzui su mali psi u krilu. Vrlo su prijateljski raspoloženi kućni ljubimci.

Doge su vrlo visoki psi. Mogu biti jako slatki.

Border Collies su agilni i pametni. Imaju puno energije.

Šetlandski ovčari su psi koji čuju. Poznati su po svojoj gustoj grivi krzna.

Čivave su malene, ali imaju veliko srce. Slatki su kad ih se poštuje.

Pembroke Welsh Corgi su mali, ali imaju velike uši. Začudo, oni su psi koji čuju.

Sveti Bernardi su poznati po svom spašavanju. Oni su nježni divovi.

Australski ovčari pametni su i okretni kućni ljubimci. Rade kao pastirski psi.

Mopsi su mali, naborani slatkiši. Imaju vrlo razigranu, ali tvrdoglavu prirodu.

Aljaški malamuti su psi za sanjkanje i mogu preživjeti u hladnim klimatskim uvjetima.

Australski terijeri su mali s grubom dlakom. Sjajni su kućni ljubimci.

Basenjiji imaju urlanje poput jodla. Oni su super pametni i neovisni psi.

Bichon Frise izgledaju poput oblaka. Imaju vesele osobnosti.

Goniči imaju spuštene uši i odličan njuh. Koriste se i u spašavanjima.

Bostonski terijeri
imaju smoking
kapute. Oni su
druželjubivi
štenci.

Cavalier King
Charles Spanieli
imaju najbolje
osobnosti kao i
lijepe kapute.

Koker španijeli imaju duge svilenkaste uši i imaju otmjen izgled.

Engleski mastifi su ogromni psi! Mirni su i ljupki.

Akite su plemeniti kućni ljubimci. Poznati su po svom debelom krznu.

Maltezeri su zgodni mali bijeli psi i vole pažnju.

Burmanski planinski psi su vrlo veliki, ali vrlo nježni.

Pomeranci su pahuljasti mali psi. Imaju odvažne osobnosti.

Rodezijski grebeni imaju "greben" dlake na leđima. Koriste se za lov.

Irski seteri su elegantni, živahni psi. One su otvorene ljepotice.

Papillonove uši izgledaju poput leptira. Oni su prijateljski nastrojeni slatkiši.

Whippeti su superbrzi i vrlo okretni, te nježni sa svojim ljudima.

Šar-pejevi su vrlo naborani. Oni su odani i zaštitnički nastrojeni psi.

Dalmatinci su energični psi i službeni su simbol vatrogasnih domova.

Psi pomažu ljudima svaki dan.

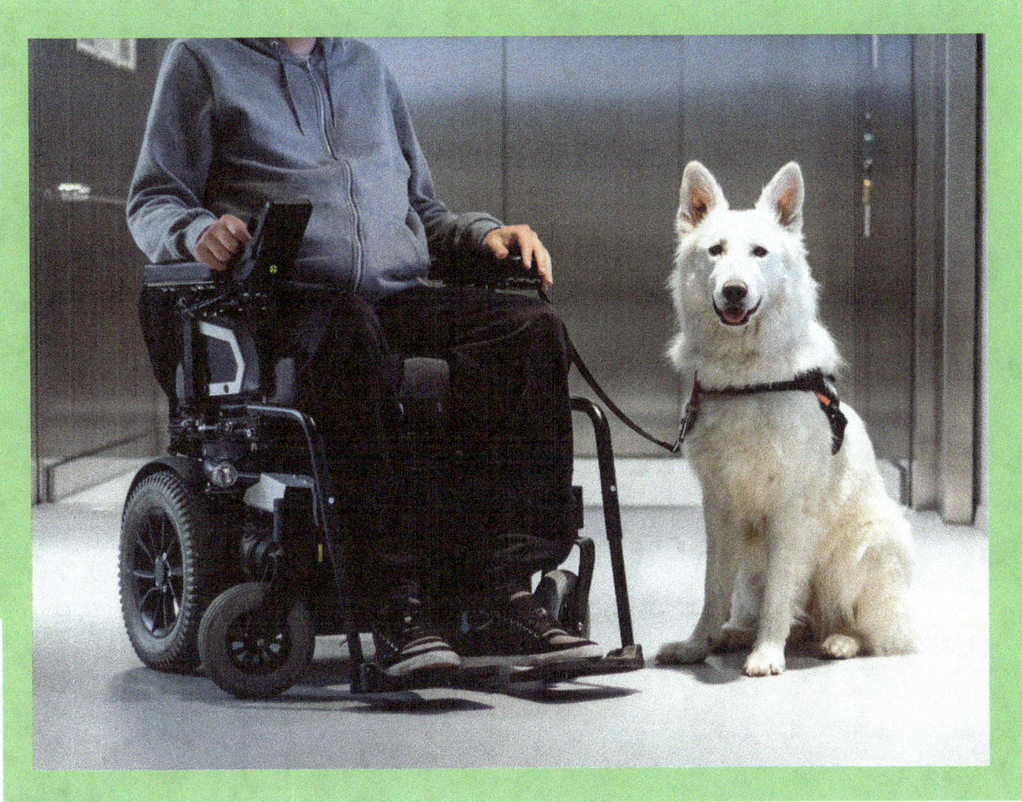

Mnogi psi rade kao pomoćne životinje, pomažući osobama s invaliditetom.

Psi tragači i spasioci rade na lociranju nestalih osoba tijekom katastrofa.

Psi rade rame uz rame s policijom. Štenci koji ne prođu obuku odlaze u obitelji pune ljubavi.

Terapijski psi pružaju emocionalnu podršku ljudima u bolnicama i javnoj sigurnosti.

Psi su važan dio naše svakodnevice. Važno je brinuti se o psima. Oni nisu samo vrijedni radnici, već i važni članovi naših obitelji!